THIS ACTIVITY BOOK BELONGS TO:

....

....

Take the ornament to the christmas tree

Help Santa Claus find his sack

Take the pie to the oven

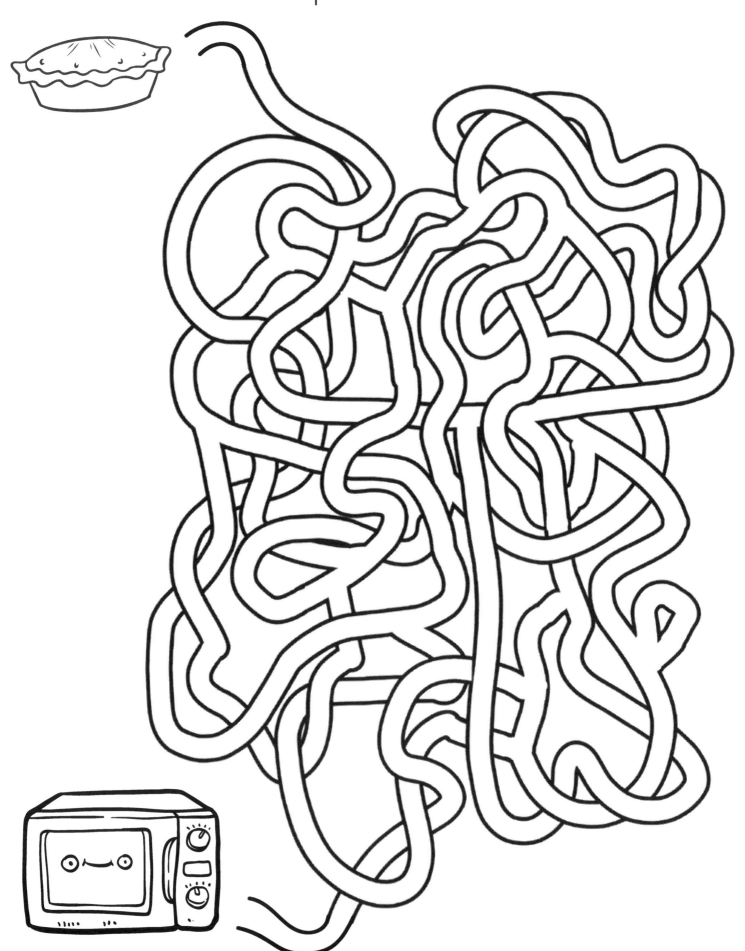

Help the snowman escape the maze

Help the fairy find a cupcake

Reindeer lost his cake, could you help him find it?

Put a gift in a stocking

Put ice cream into fridge

Find your way to delicious chocolate

Help the snowman
find his way out

Help the Santa escape the maze

Help bunny find his glove

Wordsearch 1

C	E	C	N	I	U	Q	S	R	A
H	S	M	J	M	Q	U	E	P	T
R	A	O	O	S	A	L	Y	I	N
I	Y	M	M	L	I	H	R	E	A
S	R	N	C	G	O	S	O	M	S
T	C	E	I	H	A	P	P	Y	B
M	E	O	T	L	G	Q	C	B	N
A	N	T	L	N	J	V	V	I	K
S	M	U	B	D	I	R	V	R	Q
C	Y	E	T	F	L	W	I	T	E

CHRISTMAS
COLD
JOY
QUINCE
SANTA

CLAUS
HAPPY
PIE
RELIGION
WINTER

Wordsearch 2

X	D	Z	L	Y	L	S	B	F	S	D
D	G	C	D	O	A	M	I	C	U	A
Q	P	N	Q	C	V	R	N	A	B	E
B	A	B	K	R	E	E	O	R	L	R
C	N	C	Y	W	N	M	R	E	I	B
V	P	K	O	L	P	I	S	P	M	T
B	E	O	H	G	I	E	L	S	A	Q
P	D	U	I	A	B	M	V	K	T	S
N	A	K	F	X	Q	M	A	P	I	D
Z	K	D	T	Q	I	Z	S	F	O	R
X	M	A	S	U	Z	P	H	B	N	B

BREAD

CARE

FIREWOOD

SACK

XMAS

CANDY

FAMILY

LOVE

SLEIGH

SUBLIMATION

Wordsearch 3

T	Q	C	C	U	A	S	Z	C	E	B	S
R	K	Z	N	E	O	R	A	W	B	U	E
G	I	N	G	E	R	B	R	E	A	D	R
G	N	I	D	D	U	P	H	S	E	G	E
Y	B	R	T	E	C	O	T	X	K	Y	I
D	E	F	A	Q	L	O	E	V	A	Q	N
A	I	K	P	I	C	I	Z	I	C	S	D
G	J	M	R	K	N	O	C	E	B	O	E
E	W	I	I	U	A	J	W	I	Z	C	E
Z	T	N	N	K	T	T	R	J	O	F	R
J	G	V	A	A	Z	D	X	G	X	U	Y
T	R	E	E	W	G	N	L	P	R	O	S

CAKE
GIFT
PUDDING
REINDEER
TREE

DELICIOUS
GINGERBREAD
RAIN
STOCKING
TURKEY

Wordsearch 4

E	S	B	X	U	K	D	I	H	L	G	W	S
L	L	V	M	A	D	E	D	U	V	W	U	J
F	I	R	Z	S	E	C	E	L	D	N	A	C
V	V	M	Q	M	B	E	A	I	M	W	G	S
V	U	R	P	W	V	M	V	T	G	Z	N	P
E	A	Z	E	Y	G	B	U	Z	K	O	V	J
B	E	L	L	L	O	E	X	U	W	J	B	J
E	W	A	S	E	I	R	V	M	L	L	H	G
T	L	W	X	G	Z	G	A	K	V	P	N	M
R	D	G	J	N	D	N	I	E	S	I	Z	S
I	O	L	N	A	F	D	O	O	K	U	W	R
U	R	M	H	I	W	V	A	V	U	X	G	O
B	Y	Y	C	P	J	W	U	E	V	S	C	Q

ANGEL

CANDLE

ELF

JINGLE

RELIGIOUS

BELL

DECEMBER

IMP

KING

SNOWMAN

Wordsearch 5

Q	D	I	F	L	Z	N	Y	Y	E	B	T	T	R
T	W	R	H	W	O	G	K	A	T	I	A	U	T
Z	H	U	A	I	M	Y	G	J	A	R	C	O	E
K	T	F	N	C	J	U	Q	F	R	T	W	P	P
K	G	U	Y	H	E	H	Y	Z	B	H	A	S	A
T	E	V	C	S	I	D	T	C	E	Y	N	O	H
R	W	N	T	A	H	B	Y	K	L	O	Q	I	F
P	I	W	Y	S	N	K	O	X	E	A	V	E	M
S	W	E	E	T	S	D	O	D	C	J	F	N	Y
O	R	A	E	Y	B	B	Y	V	L	R	A	K	M
Q	G	Q	G	B	A	O	K	W	H	H	V	G	W
S	Q	C	Z	M	A	C	R	E	T	H	B	S	I
B	T	A	H	S	J	M	F	N	L	E	Q	K	Y
K	Y	R	X	Q	D	V	L	B	V	C	X	H	M

BIRTH
CANDY
CELEBRATE
NEW
SWEETS

BOX
CARD
GUEST
REUNION
YEAR

Wordsearch 6

F	L	V	F	O	Q	E	Q	V	Y	Z	G	G	F	B
V	K	A	M	C	I	I	P	A	I	I	K	F	H	B
R	J	X	V	K	H	E	N	Y	D	Z	J	Y	O	L
U	F	K	O	I	M	I	B	O	O	T	S	X	N	T
A	U	O	I	J	T	M	V	J	W	E	H	L	H	D
A	C	G	U	H	S	S	N	R	W	B	C	A	M	N
A	S	A	G	M	O	Z	E	Z	L	H	J	G	G	G
E	T	A	R	O	C	E	D	F	O	Y	E	R	X	O
V	V	D	J	I	O	X	I	C	T	T	S	M	R	W
Y	W	A	O	R	D	S	O	V	L	I	U	J	I	X
P	A	I	H	K	U	L	E	U	V	R	S	A	E	M
H	V	B	Q	K	A	D	O	K	O	A	I	V	D	F
R	L	N	F	T	K	L	G	F	H	H	E	L	M	W
L	Y	K	E	A	I	H	O	K	Y	C	K	N	M	Z
A	A	N	N	P	Y	D	V	D	V	W	N	W	U	A

BOOTS   **CHARITY**
CHOCOLATE   **COOKIE**
DECORATE   **EVE**
FESTIVAL   **GOOSE**
HUG   **JESUS**

Wordsearch 7

A	N	E	M	S	Y	Y	L	M	F	R	I	B	B	O	N
H	F	R	N	E	H	Z	I	Z	B	D	M	R	R	H	H
T	C	O	O	N	R	S	P	E	K	F	V	Q	N	N	G
A	W	Y	V	C	T	R	Z	Z	S	S	B	W	X	T	F
V	D	Y	B	L	P	F	Y	L	C	R	F	F	T	D	U
R	Z	R	E	T	L	O	X	Q	F	H	X	D	E	G	U
R	L	T	Y	J	C	U	P	F	B	W	G	V	G	I	Y
S	O	L	C	R	T	D	P	D	E	R	M	Q	P	K	J
E	Y	U	V	Q	J	O	A	U	T	F	L	T	Z	E	Q
C	J	F	B	I	Q	N	R	S	G	G	T	A	O	S	W
L	R	Y	S	M	P	N	T	Q	R	P	D	D	T	C	J
O	U	O	P	S	G	S	Y	C	V	L	V	H	C	E	O
G	K	J	M	D	G	W	G	P	U	Q	G	D	U	B	M
V	H	V	L	H	I	D	T	U	P	I	F	A	T	T	U
S	T	N	E	M	A	N	R	O	L	L	L	V	I	S	C
X	C	P	F	I	S	J	E	U	Q	B	B	X	N	A	P

JOYFUL
MERRY
ORNAMENTS
POPCORN
RIBBON

LIGHTS
MISTLETOE
PARTY
RED
SNOW

Wordsearch 8

D	U	T	O	T	E	A	H	O	V	S	O	S	Q	L	E	G
E	Z	L	G	C	T	S	P	A	K	Y	C	H	X	H	H	O
C	C	V	J	W	I	I	C	Q	R	O	W	O	Y	J	B	I
Y	P	Z	A	W	U	A	M	H	I	T	F	P	J	I	M	G
T	U	H	M	O	T	J	U	S	L	M	H	P	K	R	S	E
T	R	A	D	I	T	I	O	N	N	J	K	I	Z	E	C	B
R	M	G	O	Q	H	W	P	N	E	O	F	N	O	L	N	P
K	H	N	E	O	H	M	B	M	R	V	W	G	L	U	S	B
X	Z	M	V	O	L	D	I	Z	V	S	P	F	E	X	V	F
O	H	G	L	U	E	T	A	W	Q	B	V	X	A	I	F	D
F	B	T	D	E	R	S	V	H	W	Q	M	G	K	L	B	I
M	M	S	A	E	U	D	Q	Z	F	J	Q	E	Y	U	L	E
H	M	N	T	E	A	J	T	Q	L	E	E	U	Q	W	V	C
E	B	N	A	P	R	P	A	R	W	N	U	T	K	B	L	S
I	I	C	D	G	V	W	I	H	P	W	I	E	M	R	S	B
W	B	M	Z	K	T	N	T	M	P	G	D	C	T	R	F	Y
I	F	E	N	G	O	H	E	Q	V	J	M	I	E	J	Q	O

SHOPPING
TOYS
UNWRAP
WINTERTIME
WREATH

SNOWFALL
TRADITION
VACATION
WISH
YULE

Wordsearch 9

C	S	O	I	L	H	F	L	B	B	V	W	X	O	S	X	A	H	S
E	A	Z	V	H	D	J	J	O	W	L	Z	M	S	E	B	S	O	N
U	S	N	S	L	O	R	A	C	T	O	U	Q	H	V	L	A	F	O
X	U	N	J	O	V	H	J	G	E	M	L	S	J	L	V	Q	R	I
K	H	X	E	A	Z	R	N	K	T	A	B	Q	T	E	K	U	Y	T
L	Y	O	Q	C	L	Y	S	A	I	E	I	D	Y	E	D	R	O	A
C	J	B	L	P	N	O	T	C	A	G	R	C	C	B	R	E	C	R
A	U	F	J	W	X	I	I	S	R	T	T	K	H	Y	C	Y	V	O
N	T	J	S	S	I	F	K	K	O	J	K	F	Y	R	B	V	U	C
D	D	X	T	T	I	L	S	N	K	R	R	C	T	N	W	F	M	E
I	J	T	R	T	D	O	S	H	A	Z	F	C	G	P	K	H	M	D
E	V	E	R	G	R	E	E	N	L	R	F	L	P	P	I	P	A	V
S	M	A	X	E	Q	P	A	L	B	E	F	R	Y	O	J	Z	P	E
Y	K	B	U	K	E	O	E	B	S	M	F	M	K	T	S	H	F	V
I	J	N	O	F	V	D	T	T	U	V	E	C	T	Y	X	R	X	K
D	H	K	E	J	M	K	I	I	M	Q	U	Y	R	D	C	W	R	C
V	C	X	C	C	A	V	I	G	D	I	I	T	O	V	S	B	M	T
F	C	B	C	C	E	C	J	J	A	D	E	Q	H	K	M	P	B	I
W	B	F	P	G	R	B	H	B	Y	L	R	H	H	K	Y	F	Q	O

ARTIFICIAL
CANDIES
ELVES
EVERGREEN
FRANKINCENSE

BLUSTERY
CAROLS
DECORATIONS
FESTIVE
FROSTY

Wordsearch 10

C	B	H	E	V	L	G	I	G	Y	R	Q	W	R	P	C	T	T
P	U	Q	P	K	C	P	M	F	X	I	W	Q	O	J	F	U	F
O	V	L	R	E	A	G	D	S	H	O	T	H	K	R	E	S	K
H	T	C	F	A	C	C	O	F	U	A	S	H	N	W	K	Q	I
B	Z	Q	D	P	G	U	T	C	R	K	M	E	A	Y	V	F	P
R	E	H	T	A	F	U	W	I	R	G	K	D	U	L	F	Z	H
F	X	T	B	D	S	W	S	O	U	D	Z	I	G	L	L	G	O
A	N	P	G	F	O	B	W	K	L	R	T	H	O	Y	M	G	
O	V	S	F	Y	C	C	A	A	U	I	F	E	T	J	J	F	O
C	E	R	E	M	O	N	Y	X	N	T	A	L	Y	M	E	F	K
R	C	B	B	H	P	V	H	S	F	J	H	U	N	Q	A	X	K
P	E	A	E	B	A	F	E	R	Q	I	K	Y	A	A	Z	G	I
X	A	N	L	N	Z	L	I	C	O	N	F	G	C	D	W	Y	C
U	B	C	I	J	Z	R	Y	G	L	I	L	W	R	V	M	G	E
K	V	G	K	N	S	U	X	C	K	U	Z	R	R	K	Z	K	L
I	W	H	K	A	U	V	P	L	J	J	L	M	Q	S	E	H	M
H	G	W	L	O	G	C	R	J	E	P	M	E	E	H	H	F	U
O	O	N	Z	D	P	E	J	T	X	H	L	I	Y	C	S	W	R

CEREMONY
FRUITCAKE
NAUGHTY
SUGAR
WORKSHOP

FATHER
JOLLY
PACKAGE
TINSEL
YULETIDE

Help the deer get to santa

Follow the stars to get to the top of the tree

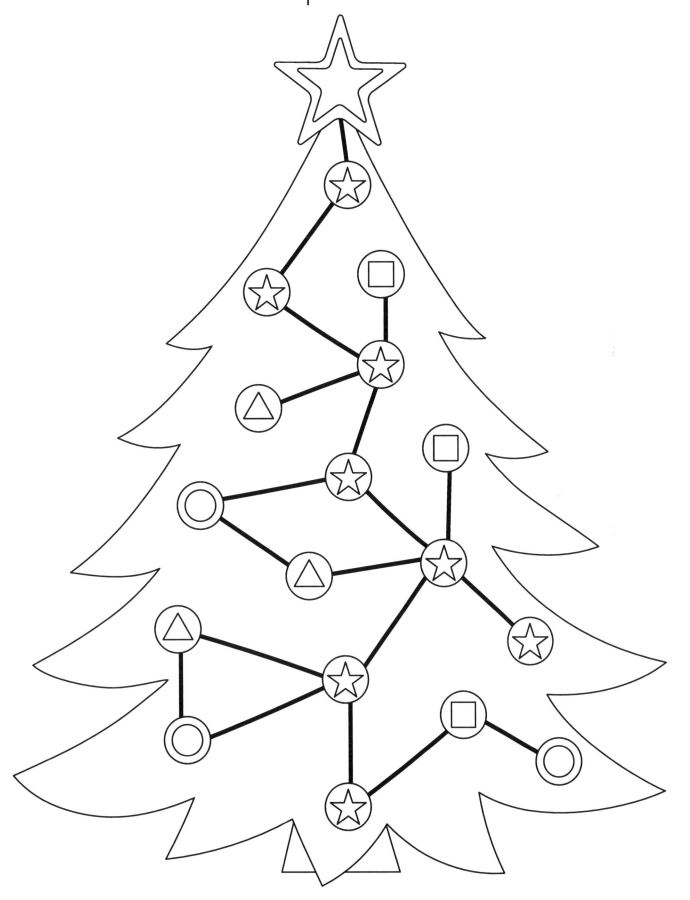

Match the numbers

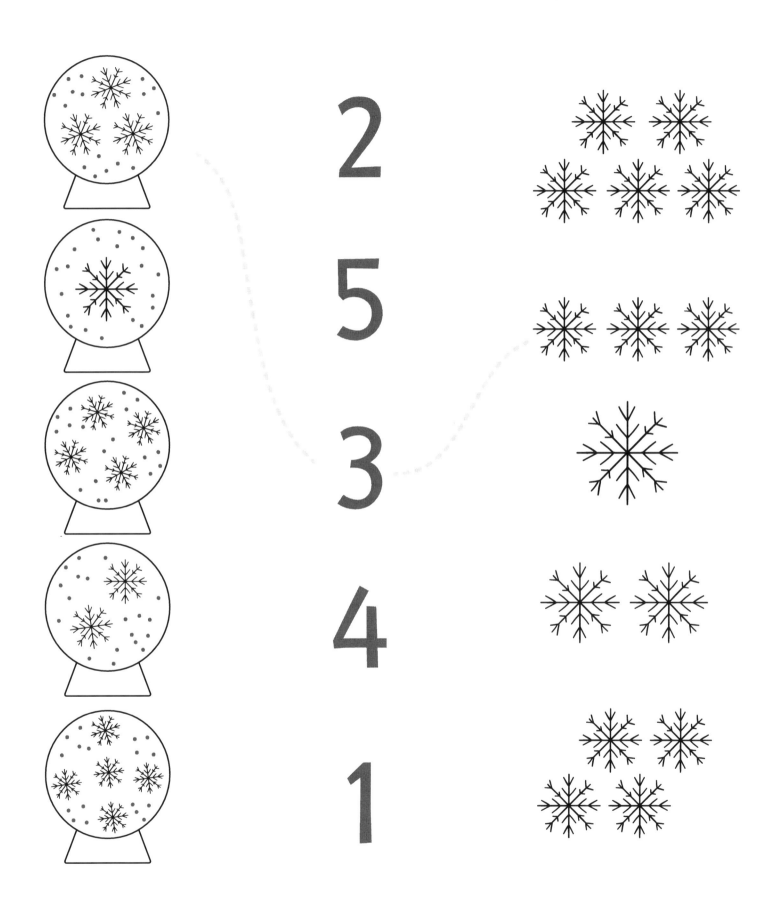

What comes next?

Whose gingerbread?

Help the raccoon get to the stockings

Connect the dots

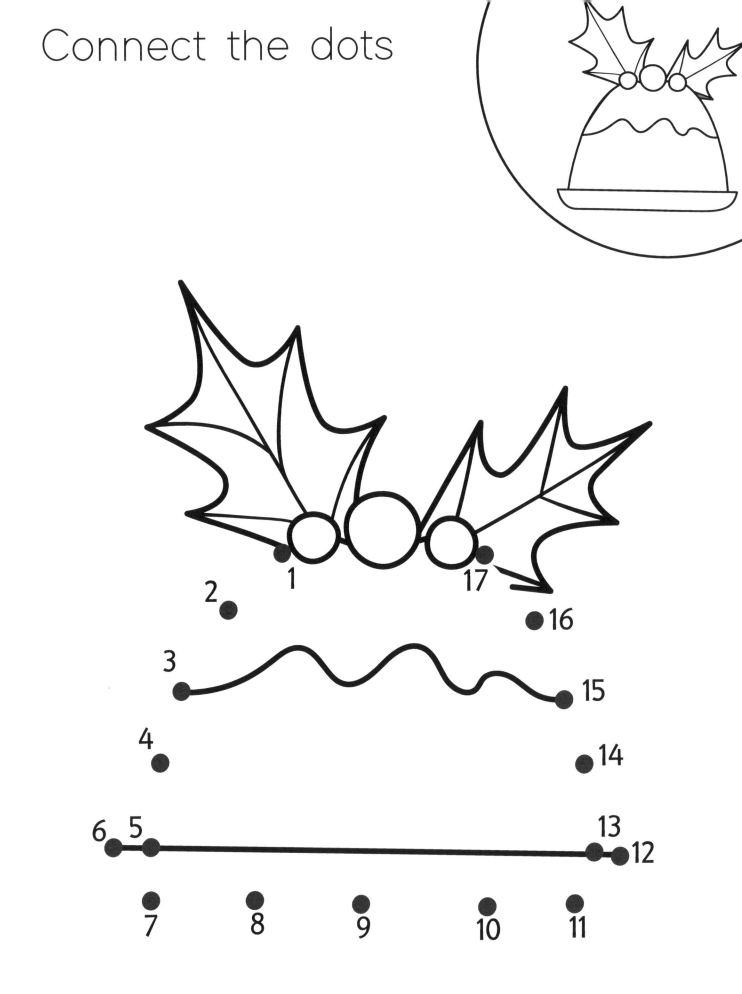

Connect the dots

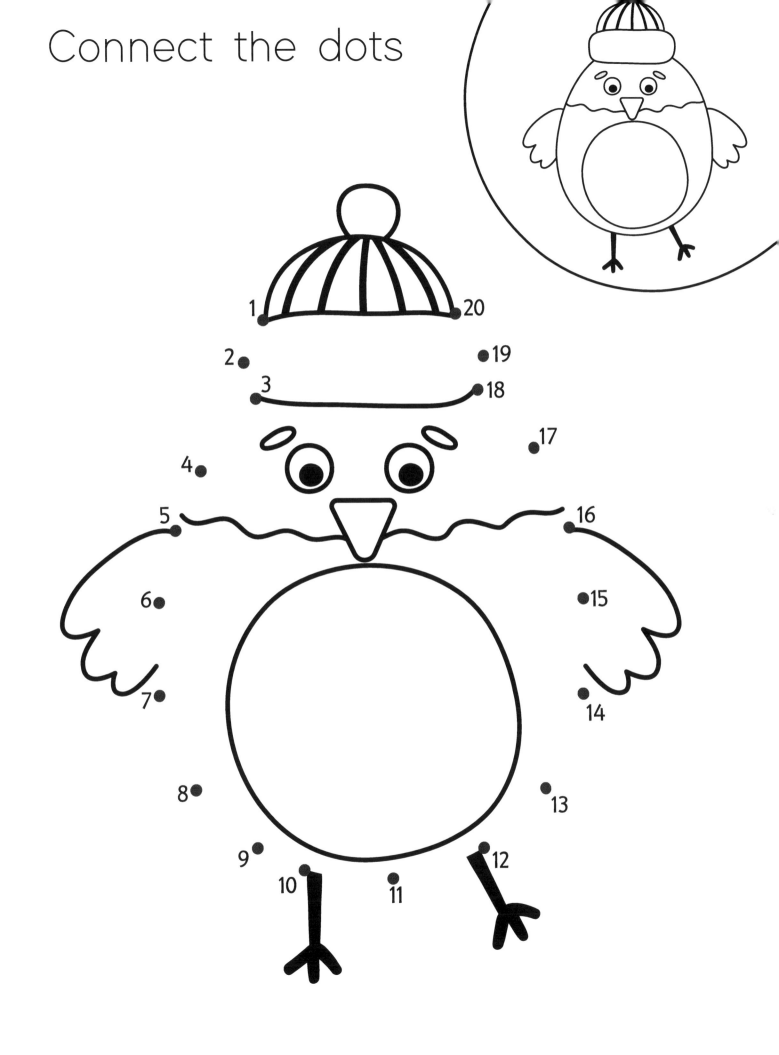

Connect the dots

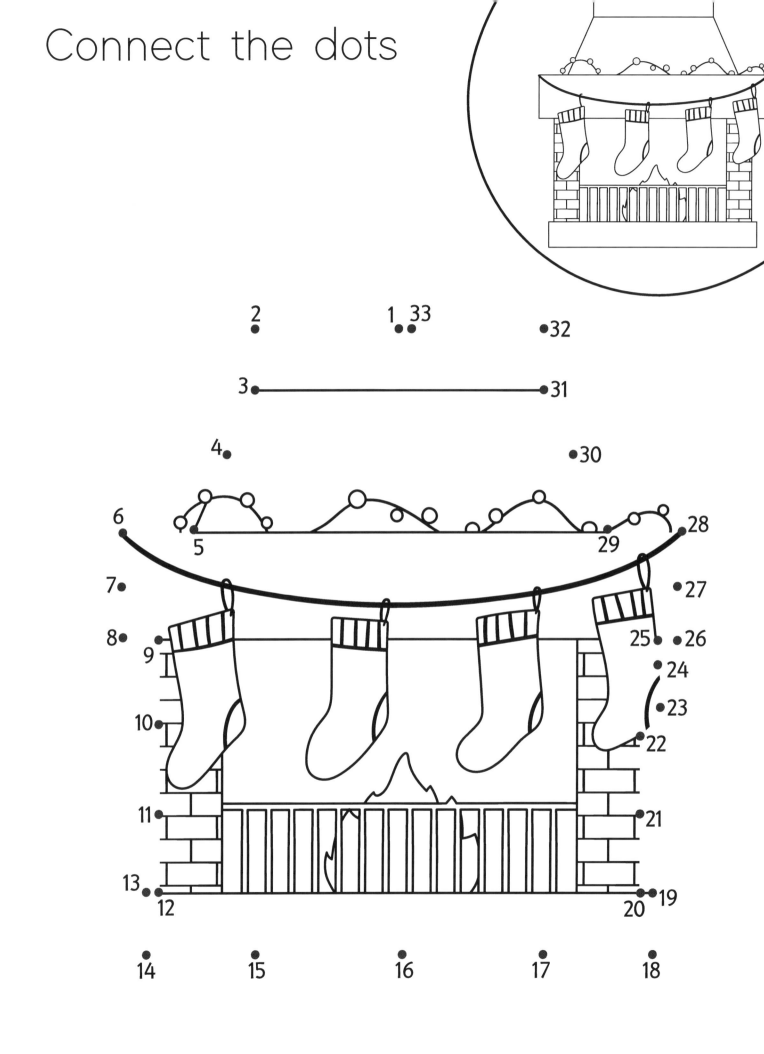

Connect the dots

Color by code

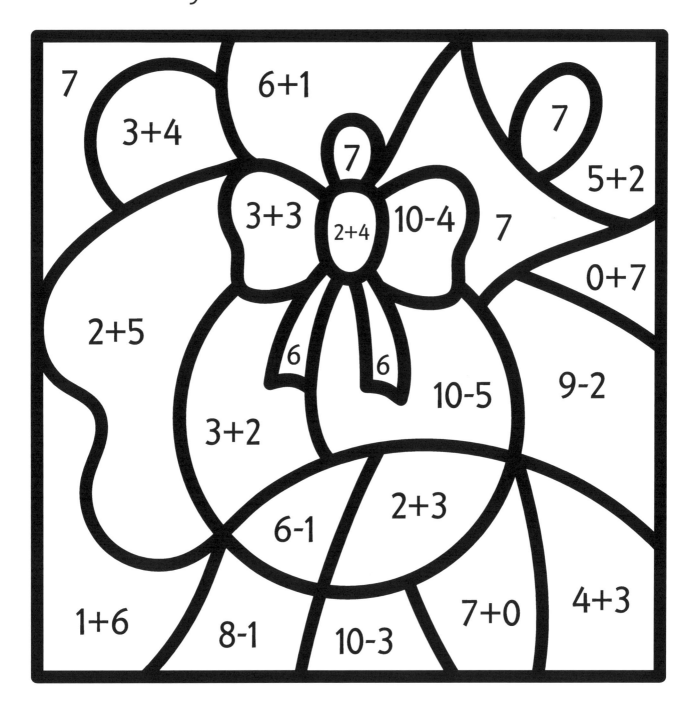

7

3+4

6+1

7

7

3+3

2+4

10-4

7

5+2

2+5

6

6

0+7

3+2

10-5

9-2

6-1

2+3

1+6

8-1

10-3

7+0

4+3

5	red
6	yellow
7	green

Color by number

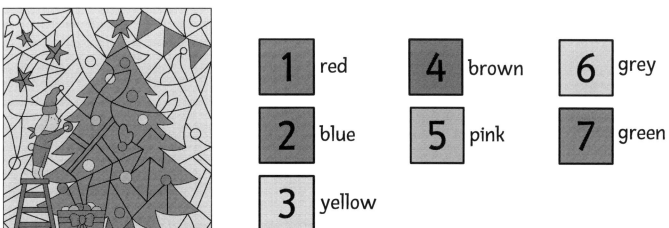

1 red	**4** brown	**6** grey
2 blue	**5** pink	**7** green
3 yellow		

Tracing practice: What do they have for christmas dinner?

Tracing worksheet: What's in the box?

Let's draw Christmas tree

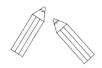

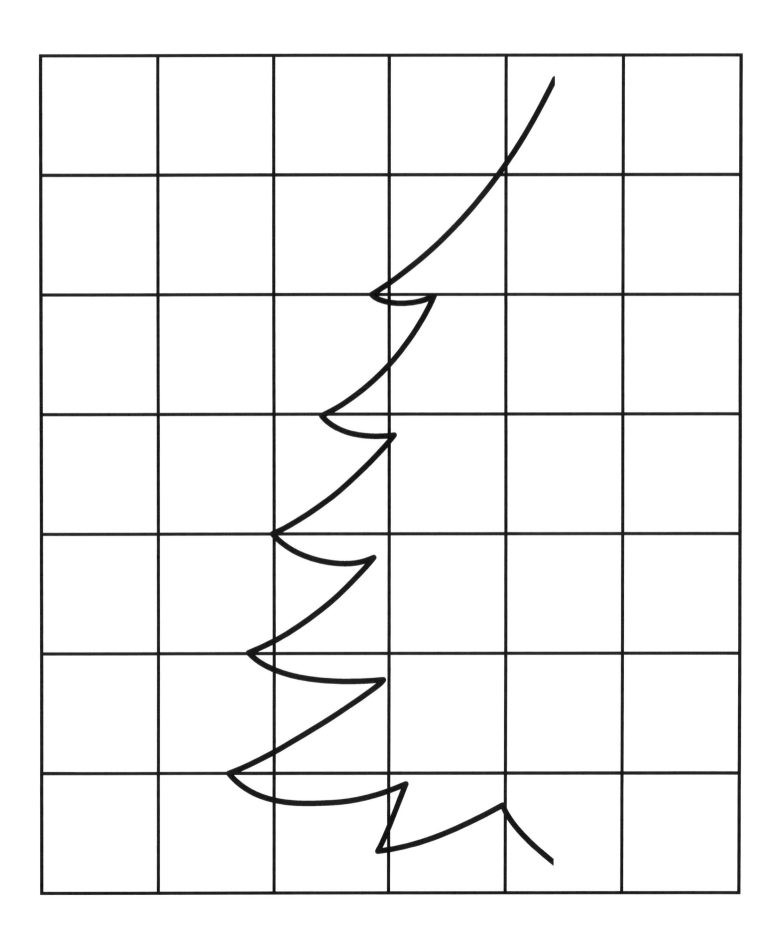

Tracing worksheet: Decorate Christmass Tree

Tracing worksheet: What's inside snowglobes?

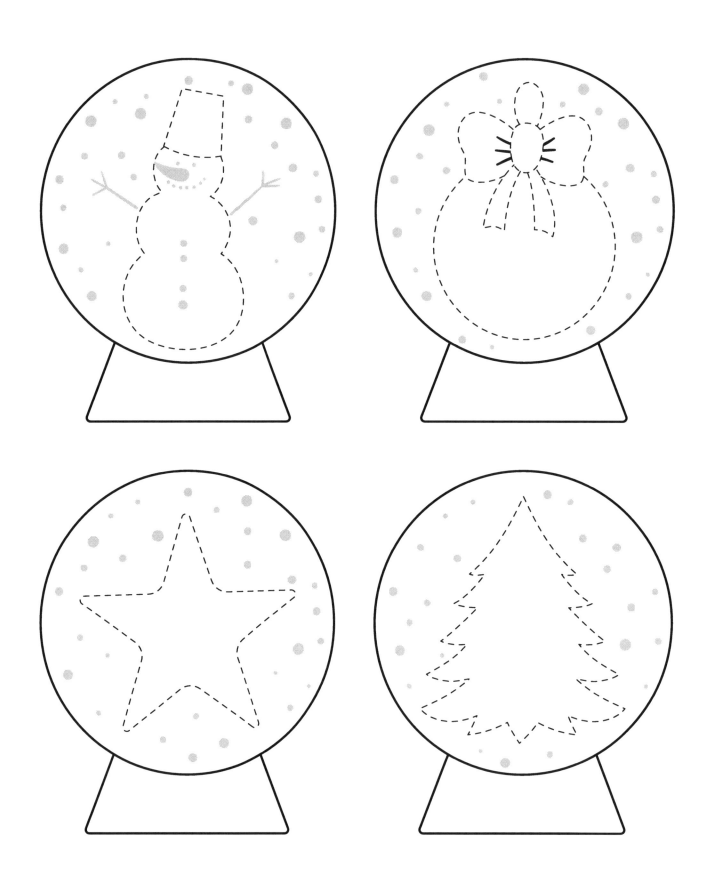

Tracing worksheet: Decorate Christmass Balls

Color each day of ADVENT

to: Santa Claus

from:

Help the bear get to the Christmas Tree

Christmas preparations boardgame

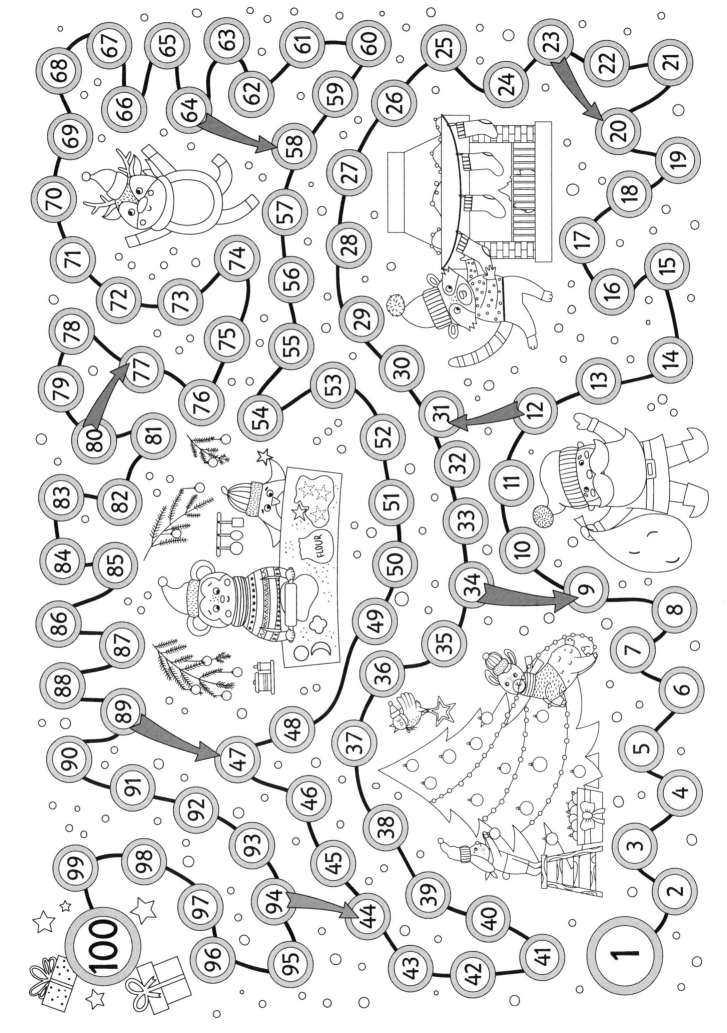

START

Help the penguin untangle the garland

FINISH

What is insiode the boxes?

I SPY

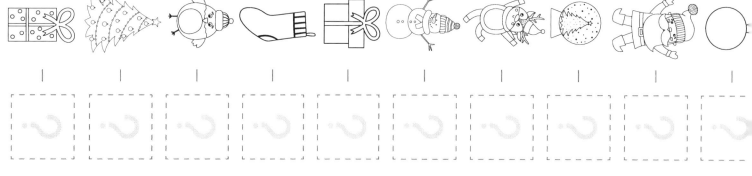

Find two same toys

Find two same santas

Merry Christmas shadow matching

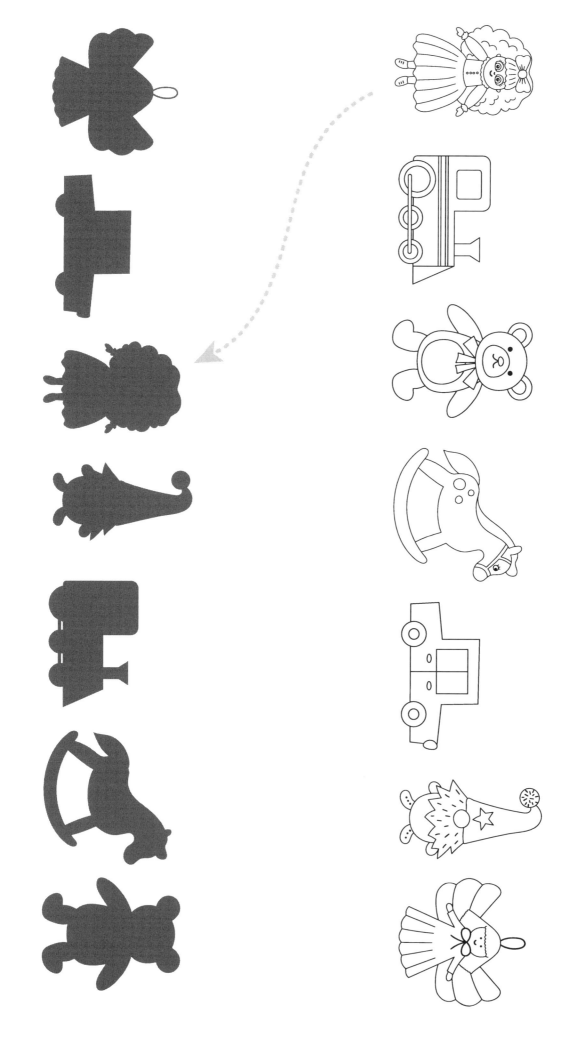

Merry Christmas shadow matching

Merry Christmas shadow matching

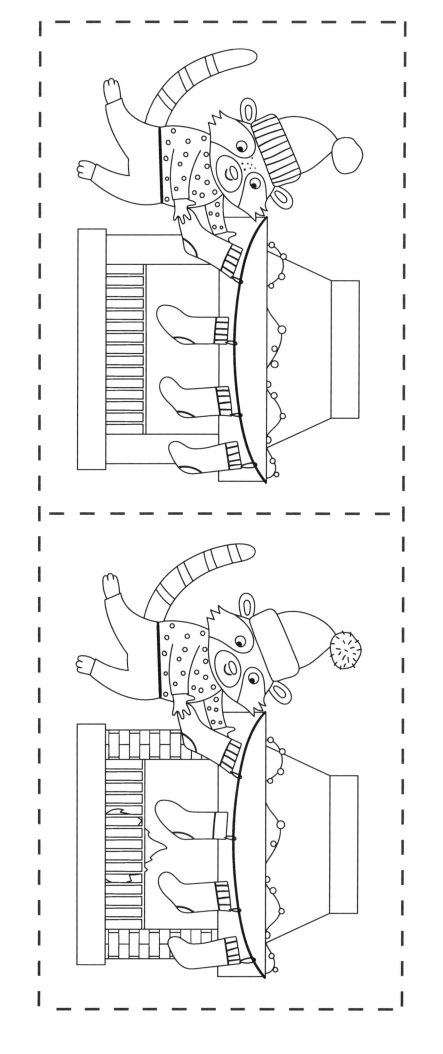

Spot 10 differences & color

Spot 10 differences & color

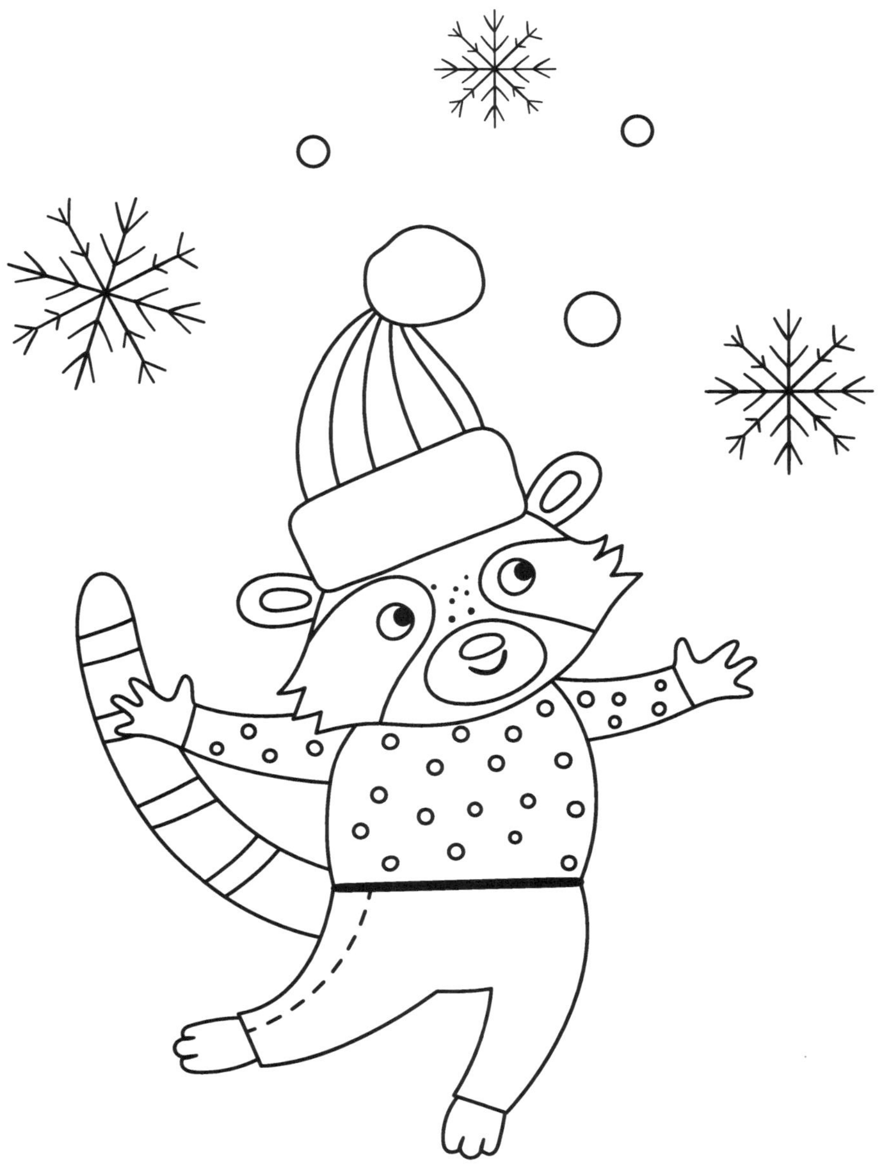

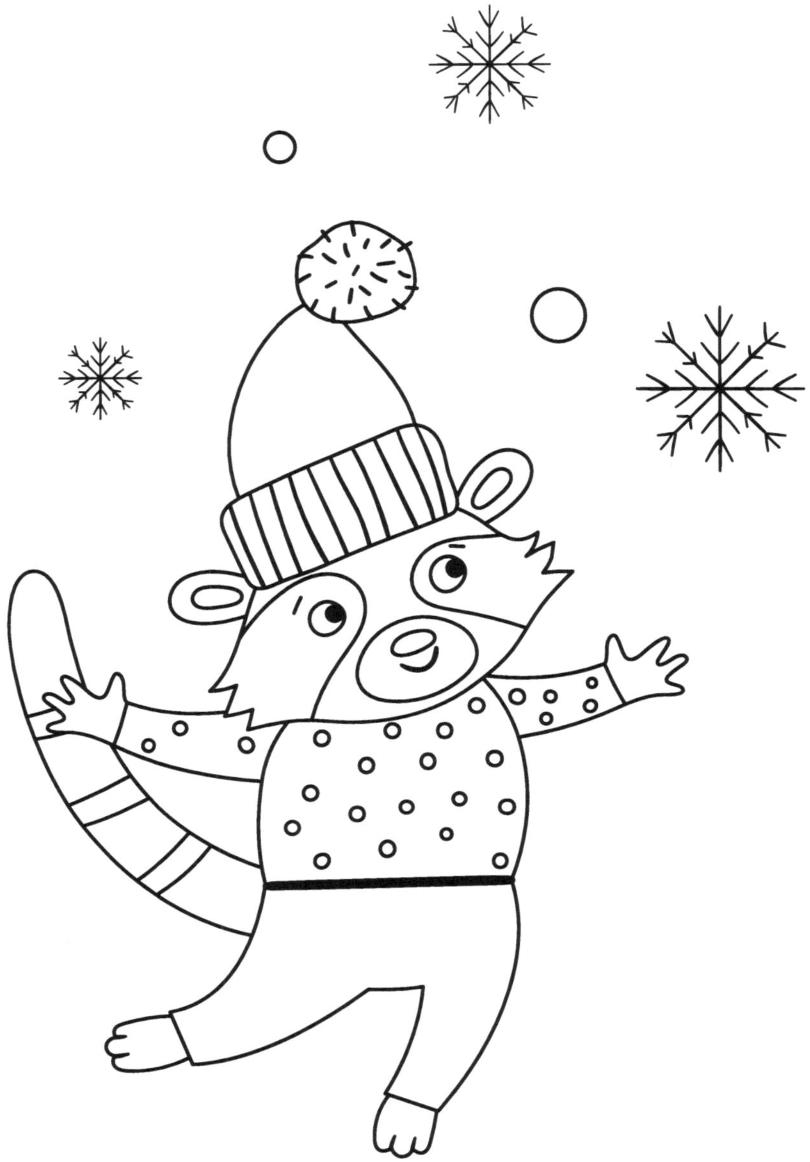

Spot 10 differences & color

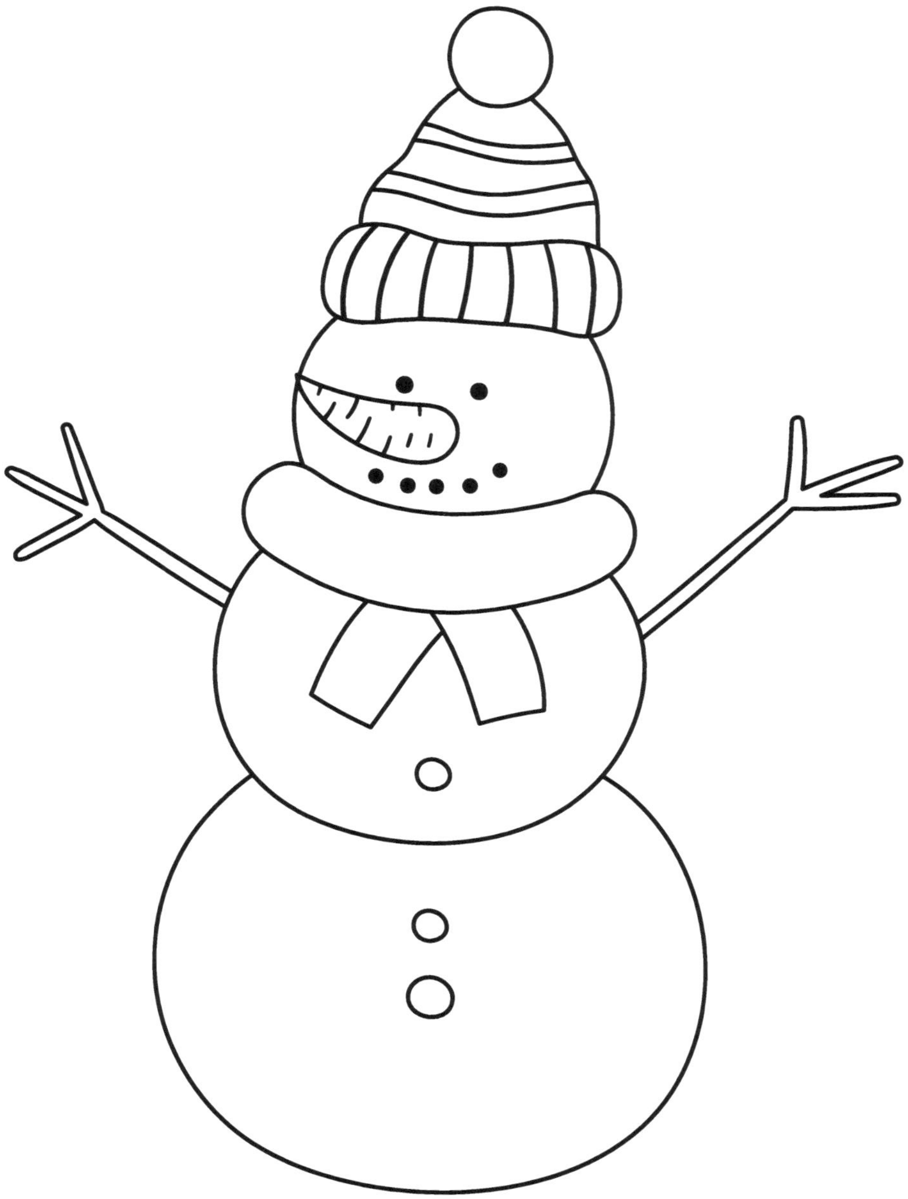

Spot 10 differences & color

Color the picture

Color the picture

Color the picture

Color the picture

Color the picture

Color the picture

Color the picture

Color the picture

Color the picture

Color the picture

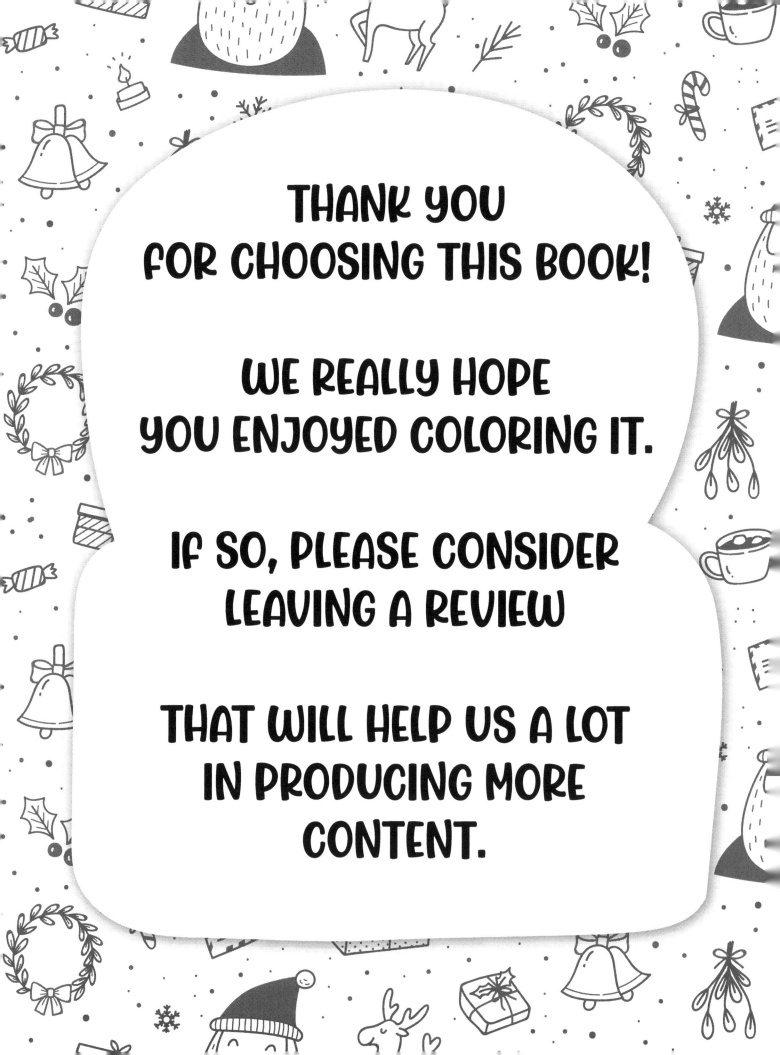

THANK YOU FOR CHOOSING THIS BOOK!

WE REALLY HOPE YOU ENJOYED COLORING IT.

IF SO, PLEASE CONSIDER LEAVING A REVIEW

THAT WILL HELP US A LOT IN PRODUCING MORE CONTENT.

Made in the USA
Coppell, TX
01 November 2021